NOTICE

SUR LA

CAISSE DES ÉCOLES

DU 3ME ARRONDISSEMENT.

PARIS,
IMPRIMERIE FÉLIX MALTESTE ET Cie,
22, RUE DES DEUX-PORTES-SAINT-SAUVEUR.

1853.

NOTICE

SUR

LA CAISSE DES ÉCOLES

DU TROISIÈME ARRONDISSEMENT

CONSEIL D'INSTRUCTION PRIMAIRE

DU 3e ARRONDISSEMENT.

PRÉSIDENT, **M. DECAN**, MAIRE.

MEMBRES.

MM. 1 **HÉBERT**, } Adjoints au Maire.
2 **HORRER**, }
3 **PAPILLON**, Juge de paix.
4 **GAUDREAU**, Curé de Saint-Eustache.
5 **PORTALÈS**, Curé de Notre-Dame de Bonne-Nouvelle.
6 **BARRESWIL**, Délégué cantonnal, rue Jocquelet, 7.
7 **CUVIER**, Délégué spécial, rue de Provence, 58.
8 **FOUCHER**, Délégué cantonnal, rue de Provence, 56.
9 **LEFÈVRE**, id. rue Mogador, 9.
10 **LEGENTIL**, id. rue Paradis-Poissonnière, 51.
11 **RICHARD**, id. rue des Jeûneurs, 42.
12 **ROUVILLE**, Délégué spécial, rue Trévise, 28.
13 **THOREL**, Délégué cantonnal, rue du Sentier, 11.
14 **VERNES**, Délégué spécial, rue de la Vrillière, 3.
15 **YOUNG**, id. rue de Lille, 19.

INSPECTEUR DE L'ACADÉMIE, **M. BEHYER.**

Dans sa Séance du 14 novembre 1853, le Conseil a décidé qu'une Notice serait faite sur la Caisse des Écoles du troisième Arrondissement, afin de propager cette utile INSTITUTION.

NOTICE

SUR

LA CAISSE DES ÉCOLES

DU 3me ARRONDISSEMENT.

L'Œuvre de la Caisse des Écoles du troisième arrondissement fut fondée en 1849 sous le patronage de l'autorité municipale.

En 1850, avec le concours des délégués du Conseil académique, de la Garde nationale et des habitants, toujours animés d'un zèle inépuisable, l'Administration lui imprima une impulsion, qui, grandissant tous les jours, permet aujourd'hui de réaliser un bien considérable sous le triple rapport physique, intellectuel et moral.

Chaque année, à l'époque de la Mi-Carême, une Messe solennelle est chantée par les Enfants des Écoles en l'église paroissiale de Saint-Eustache. On est admis dans l'enceinte réservée sur la présentation d'une Lettre spéciale dont la rétribution est fixée à un franc. Une quête faite par les soins des dames de l'arrondissement, qui veulent bien accepter cette mission, produit une somme importante qui, jointe au montant du droit d'entrée, a donné depuis la fondation de l'Œuvre les résultats suivants :

En 1850.	1,203 fr. 25 c.
En 1851.	3,194 fr. 45 c.
En 1852.	3,944 fr. 45 c.
En 1853.	7,400 fr. » c.

Ces chiffres expriment éloquemment avec quelle rapidité les bienfaits que répand la Caisse des Écoles ont été compris par tous les hommes de bien qui veulent la moralisation de l'enfance.

Ces ressources reçoivent l'affectation suivante :

1° Donner des secours en nature ou en argent à un grand nombre d'enfants atteints de maladies, et dont les parents nécessiteux, inscrits ou non au bureau de bienfaisance, ne peuvent subvenir aux frais qu'elles occasionnent.

2° Répartir entre les enfants pauvres des vêtements de toute nature.

3° Faire entrer de jeunes enfants orphelins abandonnés ou appartenant à des familles indigentes dans les établissements de bienfaisance en rapport avec leur sexe, leur âge et leur vocation.

4° Placer ceux qui sont infirmes dans les établissements spéciaux.

La misère et les infirmités sont ainsi secourues dans une large proportion ; mais ce n'est que la première partie de la tâche que s'est imposée la Caisse des Écoles du troisième arrondissement, et la seconde a une importance d'autant plus grande, qu'elle s'adresse aux enfants de toutes les écoles communales et privées sans distinction. Après avoir calmé les souffrances du corps, elle s'occupe avec sollicitude de l'instruction et de l'éducation. Elle stimule et moralise en même temps. Elle développe ce germe d'émulation qui fait aspirer aux succès. Elle suit pas à pas ces jeunes âmes qu'elle s'efforce de former hommes honnêtes ou femmes vertueuses.

A la fin de l'année scolaire une Distribution solennelle de prix d'excellence est faite entre toutes les écoles communales et libres du troisième arrondissement sans concours général entre elles.

Chaque Directeur ou Directrice d'Ecole communale présente six élèves par ordre de mérite qui reçoivent, les trois premiers, des Livrets de la Caisse d'épargne ou des retraites, un Prix d'honneur, les trois autres, des mentions honorables.

Chaque Instituteur ou Institutrice d'école privée désigne trois élèves. Le premier reçoit un volume comme Prix d'honneur, les deux suivants, des mentions honorables.

La différence à l'avantage des écoles communales s'explique par la nature des établissements qu'elle favorise.

Il est juste de payer ici un tribut de reconnaissance à l'honorable

M. François Delessert dont la généreuse bienfaisance vient doter chaque année le fonds de récompenses de la Caisse des Écoles.

Cette Distribution s'est accomplie cette année, le 6 août, au Jardin d'Hiver, avec une certaine solennité. 92 Garçons, 108 Filles ont été couronnés. Dix élèves par établissement, et le troisième arrondissement en compte 56, accompagnaient les lauréats et recevaient naturellement les principes d'une puissante émulation. Une foule nombreuse applaudissait aux succès de cette jeunesse intéressante. Les autorités supérieures étaient venues prouver par leur présence la haute sollicitude qu'elles portent à la génération qui nous suit.

M. Decan, maire du 3e arrondissement, M. Barreswil, délégué cantonal et M. Dellove, au nom des instituteurs, ont fait entendre des paroles élevées et bien senties, qui portent leurs fruits, non seulement sur l'imagination des enfants qui en conservent certainement le souvenir, mais aussi sur l'esprit des parents, qui comprennent ce langage empreint de vérité paternelle, ces conseils fermes et affectueux qu'ils n'ont pas assez souvent l'occasion d'entendre.

La désignation des élèves couronnés est entièrement laissée aux instituteurs. L'administration n'influence pas un choix qui se fait par divers moyens dont l'appréciation s'allie avec les règles que les chefs d'établissements ont établies. Ils n'accordent pas ces prix d'excellence au succès chanceux d'une ou plusieurs compositions. Ils prennent pour bases les notes de l'année qui constatent une conduite modèle dans la pratique des devoirs de famille, un travail soutenu, un respect profond pour l'autorité du maître et de bonnes relations avec leurs condisciples.

L'administration municipale n'a en vue que de développer chez les enfants une généreuse émulation, d'encourager les instituteurs sans distinction, et en respectant la liberté d'enseignement, à propager une instruction solide et une excellente éducation, entourées de toutes les garanties morales et religieuses, afin de montrer aux parents que là est la base de leurs espérances pour l'avenir et le fondement d'une civilisation bien entendue.

La Caisse des Écoles a ajouté, cette année, des bourses dans les écoles supérieures Turgot et Chaptal à des élèves sortant des établissements communaux ou privés, qui, ayant montré des dispositions à des études plus élevées, n'auraient pu les suivre à cause de la position peu aisée de leurs parents.

Une institution, simple dans ses moyens d'exécution, élevée dans ses conséquences, et qui réalise des avantages aussi puissants, ne restera certainement pas circonscrite au troisième arrondissement. Déjà un mémoire a été présenté dans le sens d'une large application à M. le Ministre de l'instruction publique, et il y a lieu d'espérer que la Caisse des Écoles sera étendue à tous les arrondissements de Paris, en attendant que la France entière l'accueille comme elle doit l'être.

Novembre 1853.

ÉTAT
DES ÉTABLISSEMENTS
DESTINÉS
A L'ENFANCE ET A L'INSTRUCTION PUBLIQUE,
DANS LE TROISIÈME ARRONDISSEMENT.

SALLE D'ASILE	1
ÉCOLE DE DESSIN (Hommes)	1
MAITRISE SAINT-EUSTACHE (Hommes)	1
OUVROIRS pour la couture et les fleurs (Femmes)	3
CLASSE D'ADULTES (Femmes)	1
ÉCOLES COMMUNALES (Garçons)	4
ÉCOLES COMMUNALES (Filles)	2
ÉCOLES PRIVÉES (Garçons)	17
ÉCOLES PRIVÉES (Filles)	26
TOTAL	56

Ces établissements sont fréquentés par 5,396 Élèves qui se répartissent ainsi :

1	SALLE D'ASILE	130
1	ÉCOLE DE DESSIN (Hommes)	160
1	MAITRISE SAINT-EUSTACHE (Hommes)	24
3	OUVROIRS (Femmes)	210
1	CLASSE D'ADULTES (Femmes)	125
4	ÉCOLES COMMUNALES (Garçons)	1,106
2	ÉCOLES COMMUNALES (Filles)	845
17	ÉCOLES PRIVÉES (Garçons)	1,351
26	ÉCOLES PRIVÉES (Filles)	1,445
56		5,396

RECETTES ET

DE LA CAISSE DES ÉCOLE

ANNÉES.	RECETTES.	SECOURS.				DISTRIBUTIO	
		Secours À L'ASILE.	Vêtements.	Chaussures.	Secours à des ÉLÈVES et apprentis.	Livrets sur la CAISSE D'ÉPARGNES.	Livrets sur la CAISSE DES RETRAITES
1850-1851.	1.203.25	»	»	41. »	20. »	200. »	»
1851-1852.	3.194.45	»	813.05	88.50	20. »	350. »	182.25
1852-1853.	3,944.45	100. »	674.30	195. »	429.60	310. »	208.50
1853-1854.	7.400. »	100. »	723. »	255. »	778. »	435. »	160. »
TOTAL....		200. »	2.210.35	579.50	1,247.60	1,295. »	550.75
	15,742.45	Nota. Les Comptes de l'Année 1853-1854 sont arrêtés jusqu'au					

EMPLOI DES FONDS

DU 3ME ARRONDISSEMENT.

DES PRIX.		FRAIS.					DÉPENSES	RESTANT
ACHAT de Livres.	Mois de pension aux Écoles supérieures.	Achats de musique et dons aux Musiciens.	Frais de cérémonies Religieuses.	Frais de tapissier aux Distributions des prix.	Frais de papeterie, impressions, Écritures.	Menues Dépenses.	par Année.	en Caisse.
247. »	387. »	»	»	»	41. »	»	936. »	267.25
341.45	320. »	162.70	110. »	100. »	245.35	85.75	2,789.05	405.40
457.95	378. »	180.85	407.70	230. »	267.50	23.70	3,863.10	81.35
522.30	268. »	250. »	444.50	432. »	300. »	207.75	4,875.55	2,524.15
1,568.70	1,353. »	593.55	962.20	762. »	823.85	317.20	12,463.70	3,278.45
							15,742.15	

r Octobre, l'Exercice ne devant être clos qu'en Février.

DISCOURS

PRONONCÉS

A LA DISTRIBUTION SOLENNELLE DES PRIX

DES ÉCOLES COMMUNALES ET LIBRES

DU TROISIÈME ARRONDISSEMENT,

Le 6 Août 1853, au Jardin d'Hiver.

DISCOURS DE M. DECAN, MAIRE.

JEUNES ÉLÈVES,

L'année scolaire est terminée ; on va fermer, pour la rouvrir bientôt, la lice de vos paisibles luttes, et comme les jeunes athlètes d'autrefois, vous allez recevoir au bout de la carrière, les couronnes qui attiraient vos pas et vos désirs.

Pénétrés des services qu'il nous a été donné de rendre à la jeunesse de nos écoles, en créant cette solennité annuelle, encouragés par les succès que nous avons obtenus, nous avons voulu, autant qu'il était en notre pouvoir, étendre à toutes les institutions de notre arrondissement, sans en excepter aucune, le vaste champ ouvert à l'émulation.

Jeunes élèves, le jour qui nous rassemble n'est pas attendu par nos cœurs avec moins d'impatience que par les vôtres, car, si pour vous, c'est le jour de la récompense et du triomphe, pour nous, c'est le jour des émotions douces, de la satisfaction intime et recueillie qui suit l'accomplissement d'une œuvre de conscience ; vous venez chercher des couronnes, des applaudissements mérités, et nous, nous venons retremper, dans cette foule attendrie, dans cette réunion de ministres de Dieu, de magistrats, de citoyens recommandables, notre courage et notre volonté.

Chers enfants, vous sortirez d'ici avec une espérance nouvelle ; confiants dans l'avenir, rêvant d'autres succès, vous allez préparer par le travail une intelligence dont la patrie aura besoin plus tard.

Vous, instituteurs et institutrices, maîtres et maîtresses dévoués, vous sentez descendre dans vos cœurs, cette estime précieuse des gens de bien, cette reconnaissance profonde des familles qui sont le salaire divin d'une existence toute d'abnégation, et moi, l'un des représentants de la Cité qui attend des hommes instruits et sages, des jeunes filles modestes et bien élevées de toute cette jeune génération, moi qui viens encourager les uns et remercier les autres, qui suis fier de la magistrature que j'exerce, puisqu'elle me donne le droit de participer aux émotions de cette fête, comment ne serais-je pas aussi agité que vous, aussi impatient de voir arriver cette solennité, aussi jaloux d'en espérer, d'en préparer le retour !

Unissons donc nos joies, et rendons grâces à ceux dont le concours tout puissant nous permet de les réaliser ! Oui, grâces soient rendues à ce clergé si digne de nos respects, à ces magistrats, à ces fonctionnaires de tous les ordres, à ces représentants de la Société ; de la loi, de Dieu, qui nous aident si efficacement et qui viennent s'associer à nos triomphes, commes ils se sont associés d'intentions aux généreux efforts des maîtres et des élèves ! Grâces soient rendues aussi à ces dames pieuses, modèles éclatants des vertus que vous aurez à acquérir, jeunes filles, pour mériter dans le monde l'hommage légitime dû aux enfants modestes, aux épouses dévouées, aux mères chrétiennes.

Quand vous entrerez dans la vie, mes jeunes amis, vous entendrez peut-être des esprits chagrins parler de l'égoïsme, de l'indifférence des hommes ; on vous dira peut-être aussi que les généreuses pensées meurent étouffées, et que les gens de bien vivent solitaires au milieu d'une société ennemie ; n'écoutez jamais, chers enfants, ces insinuations dangereuses d'esprits désillusionnés par leur faute et blessés par l'excès de leur orgueil ; vous vous rappellerez vos jeunes années, vous vous souviendrez de ces études si calmes, si douces, entreprises sous la protection unanime de vos concitoyens ; vous aurez présente à la mémoire cette solennité que tant de sympathies embellissent et vous vous direz : non, il n'est pas vrai que l'égoïsme règne en ce monde, nous étions jeunes, quelques-uns de nous étaient pauvres, et nous avons trouvé tous des cœurs pour nous aimer, pour nous procurer l'instruction et la foi ; tous, nous avons eu, sans le solliciter, le dévoûment de ceux qui connaissent le prix du savoir et du travail, et le légitime emploi de la fortune !

S'il est vrai, cependant, jeunes élèves, que les mauvaises passions ajoutent parfois, dans les sentiers humains, des ombres fâcheuses aux riants tableaux que l'imagination évoque à vos âges, s'il est vrai qu'on puisse se heurter quelquefois à l'indifférence, à l'égoïsme, il faut convenir que ces déceptions ne sont pas sans dédommagements, et qu'elles sont heureusement compensées par la sollicitude des âmes honnêtes pour tout ce qui est bon, pour tout ce qui est noble.

Ne désespérons donc jamais de l'humanité ! et n'entrez pas dans la vie, jeunes élèves, avec ces arrière-pensées qui faussent les naturels, pervertissent les caractères et font souvent tourner à mal les meilleurs penchants, les plus excellentes dispositions ; que cette instruction, qu'on vous prodigue avec une libéralité inépuisable, devienne l'instrument honorable de votre fortune, de votre considération et ne soit pas une machine de guerre contre une société qu'il faut aimer toujours, plaindre quelquefois, mais ne maudire jamais !

Mes jeunes amis, à aucune époque, le pays n'eut plus besoin d'une génération laborieuse, préparée par l'étude aux grandes destinées que l'industrie vous réserve ; dans quelques années, vous serez des hommes, vous deviendrez garants devant Dieu et devant la société du repos et du bien-être de la France. En attendant ces jours d'épreuves solennelles, fortifiez-vous par une application soutenue de toutes vos facultés ; Voyez ! regardez autour de vous ! comme tout s'ébranle ! comme tout s'agite ! comme tout se renouvelle ! Paris, la France, l'Europe ne sont que de vastes ateliers ! En sortant d'ici, vous rencontrerez des échafaudages, des ruines d'hier qui se revêtiront demain d'édifices nouveaux. De tous côtés, sur l'ordre de l'Empereur qui aime le travail, qui l'honore et qui sur le trône en offre le plus parfait exemple, s'exécutent d'immenses constructions ; on élève des palais à la royauté des arts, de nobles demeures au travail ; on ouvre à tous les points cardinaux des routes par où la pensée de la France s'échappe et s'élance vers le monde ; les distances sont supprimées, les frontières s'abaissent sous les étreintes de fer qui unissent deux peuples dans un tourbillon de fumée ; l'électricité fait battre à l'unisson les artères des nations les plus éloignées et il n'est pas jusqu'au domaine de Dieu, jusqu'au ciel, jusqu'à l'infini que la hardiesse de l'homme ne songe à explorer ! Les ballons étaient des imprudences hier, ce sont des jeux aujourd'hui ; demain, nous les saluerons peut-être comme des moyens de locomotion et comme de nouveaux agents de la civilisation et du progrès.

Cette fièvre de recherches, d'inventions, profite à tous, et depuis l'artisan qui taille la pierre et forge les rails, jusqu'au savant qui surprend des lois nouvelles, tous, dans ces sillons, recueillent des élémens de perfection, et à mesure que Dieu soulève pour nous quelques-uns des voiles qui contiennent ses secrets, la pensée monte plus haut, et chaque pas dans la voie des découvertes est un pas de plus dans la voie de l'amélioration morale ; plus le champ du travail s'agrandit, plus la créature acquiert la conscience de sa force, de sa dignité, de ses destinées véritables et des attributs infinis de son créateur.

Soyez donc pénétrés, jeunes élèves, de cette vérité, que le commerce, l'industrie et les arts sont les degrés qui nous rapprochent de plus en plus du souverain auteur de toutes choses, et travaillez avec l'intention de rapporter le fruit de vos peines à celui qui juge et qui récompense toutes les tentatives loyales, toutes les œuvres honnêtes.

Travaillez, jeunes élèves, car c'est la loi de Dieu, il n'y a de repos que pour le citoyen indigne, qui méconnaît les instrumens divins qu'il a reçus et qui abdique sa part de royauté dans la nature ; travaillez ! car le travail de vos jeunes années lui-même est profitable à la patrie, puisque vous ne deviendriez pas des hommes utiles, si vous ne commenciez pas par être des élèves studieux ; travaillez, et vous récompenserez ainsi ces maîtres et ces maîtresses dévoués qui vous prodiguent leurs soins et leurs veilles ; ces magistrats qui mettent au rang de leurs fonctions les plus douces, les plus chères, le bonheur de vous récompenser, ces ministres de Dieu qui prient pour vous ; ces citoyens de tous rangs, de toutes conditions qui vous attendent pour vous recevoir au milieu d'eux ; ces parents enfin, votre providence terrestre, qui ont travaillé aussi, et qui n'attendent pour jouir du repos légitime dû à leur vieillesse que le moment où vous pourrez les aider, les remplacer ; d'ailleurs, que vous coûte l'effort que je réclame aujourd'hui ; il n'est rien autour de vous qui ne soit prêt à le faciliter, personne qui ne vous protège.

Vos instituteurs et vos institutrices vous montrent le chemin ; vos parents, tendres et craintifs, vous en écartent les ronces et les pierres, et nous venons enfin, nous, vous faire au bout de la route, une couronne des fleurs que vous avez su glaner sous vos pas. Travaillez donc ; le travail, c'est le gage de votre avenir, c'est le garant de votre conduite présente ; il écarte le malheur autant que le malheur peut être écarté ; mais s'il arrive, on a droit de s'en remettre à sa conscience et d'en appeler au tribunal de Dieu ; oui, mes amis, le travail est le pivot des sociétés civilisées, la condition même de notre existence.

Vous serez un jour, artistes, industriels, commerçants ; vous aurez des ouvriers à conduire, des ateliers à surveiller ; rappelez-vous alors cette loi salutaire, à laquelle vous aurez été doucement assujettis dans votre jeunesse, et appliquez-vous à la faire respecter et aimer comme vous l'aurez respectée et aimée vous-même.

Et vous, mesdemoiselles, qui ne vous croyez pas destinées sans doute aux durs labeurs qui attendent les hommes, profitez de ces années de la jeunesse pour acquérir ces vertus actives, ces principes d'ordre, ces notions essentielles dont vous aurez besoin pour faire prospérer plus tard, comme filles, comme épouses et comme mères les toits bénis où il plaira à Dieu de vous donner une tâche à remplir.

Chers enfants, vous êtes aujourd'hui l'élite de la génération des écoles, mais en vous faisant concourir pour ces prix d'excellence que nous allons vous décerner, nous n'avons pas voulu vous suggérer de vaines pensées d'orgueil et d'ambition; n'oubliez pas que, si par votre intelligence et par vos succès, vous êtes élevés au-dessus de vos condisciples, vous deviendriez indignes des faveurs toutes spéciales qui vous attendent, si vous dédaigniez vos camarades, vos amis moins heureux que vous, si vous ne songiez pas au contraire, à les aider de vos conseils, à exciter en eux cette noble émulation du bien, qui peut seule faire de vous des enfans utiles; aidez les vaincus à devenir les vainqueurs! reportez à vos jeunes amis que nous avons le regret de ne pouvoir rassembler ici, les conseils, les leçons que notre expérience et notre amitié pour vous nous ont suggérés. Dites-leur bien l'émotion qui présidait à cette fête et, en leur racontant cette solennité du travail, éveillez en eux le désir de vous suivre, de vous dépasser même, dans une carrière au bout de laquelle vous attendent l'estime de vous-mêmes, la joie de vos parents, les sympathies de vos concitoyens; faites, je vous en prie, qu'ils se rendent dignes, comme vous, de ces applaudissements, de cette protection salutaire, de ces prix, de ces couronnes, de ces livrets de caisses d'épargnes et de retraite qui sont les arrhes de la Société, remises par elle aux ouvriers futurs de sa gloire et de sa propérité; faites que tous arrivent à leur tour à participer à ces joies pures qui dégénéreraient en devenant oublieuses et égoïstes.

Jeunes élèves, méritez, comme par le passé, les sympathies de tous ces protecteurs de votre jeunesse; vous avez vu comment ils tiennent leurs promesses, tenez aussi les vôtres; comme les années précédentes, la garde nationale, toujours si prompte à venir en aide aux bonnes œuvres; le clergé, si secourable pour les entreprises utiles; les dames de l'arrondissement, si empressées, si dévouées pour le malheur et le besoin; les magistrats de la cité, si disposés à élargir la route de l'instruction et du travail; tous ces amis que vous devez bien aimer se sont fait une joie de nous aider à vous récompenser.

Soyez dignes d'eux, en continuant votre aptitude, votre application aux leçons de vos maîtres et de vos maîtresses.

Ceux qui vont quitter les bancs de l'école pour le monde n'oublieront pas, je l'espère, ces saintes réunions de famille et viendront applaudir plus tard ceux qu'il n'ont fait que devancer; quant aux plus jeunes, ils suivront les exemples de leurs aînés, et voudront, comme eux, rester jusqu'au bout des fils soumis, des élèves studieux, des filles modestes, sages et laborieuses. Ils n'aspireront point à quitter leurs classes, salutaires prisons dont ils ne tarderaient pas à regretter l'abri protecteur; c'est en s'asseyant à l'ombre de l'école, c'est en exerçant leurs forces à de faciles travaux qu'ils s'habitueront pour un autre temps, à des travaux, à des études plus difficiles. Vous connaissez sans doute, mes jeunes amis, l'histoire de l'athlète antique qu'on voyait avec étonnement parcourir le stade grec, un taureau sur les épaules, et porter sans fléchir, cet incroyable fardeau sous les rayons les plus brûlants du soleil.

Ce n'était pas en un jour qu'il avait donné à ses membres, cette force et à ses muscles cette invincible énergie. Eh bien, vous aussi, plus tard vous porterez un poids bien rude qu'il ne vous sera pas permis de déposer sur la route, malgré les ardeurs du jour.

Exercez-vous donc jeunes enfants, maintenant que vous n'en êtes qu'à l'aurore, que l'air est frais et que le fardeau est léger; quand viendra le midi brûlant, quand le fardeau pèsera de tout son poids, si vous êtes préparés, vous vous en sentirez à peine.

Quant à vous, maîtres et maîtresses, recevez, comme toujours, le témoignage public de notre reconnaissance et de notre estime; oui, nous vous remercions des jeunes hommes et des jeunes filles que vous instruisez et que vous moralisez; votre tâche est grande et la modestie que vous mettez à la remplir n'empêche pas qu'elle n'atteigne aux proportions d'une magistrature; vous êtes les parents intellectuels de tous ces enfants, et quand la France sera fière d'eux et pourra compter les richesses qu'elle leur devra, c'est à vous que reviendra une partie de sa gratitude; recevez donc par ma voix et d'avance, l'expression des sentiments que vous méritez; continuez avec courage vos fonctions délicates et souvent pénibles, et croyez bien que la société vous tiendra compte des années de paix et de prospérité dont vous l'aurez enrichie, en lui péparant dans l'ombre des écoles une génération vaillante et intrépide qui ne reculera jamais devant la loi du travail, devant les exigences du devoir.

Chers élèves, je retarde, je le sais, le moment de vos joies les plus pures, mais mon excuse est dans l'intérêt que vous avez su nous inspirer, et les quelques paroles un peu graves que me dicte mon amitié pour vous seront une preuve de plus à l'appui de mes raisons, que rien ne s'acquiert sans un peu de sacrifice, que chaque plaisir doit se payer, et qu'avant les épanchements dont vos cœurs attendent le signal, il y a pour vous encore une leçon à recevoir, quelques minutes sérieuses à passer.

Puissiez-vous m'avoir compris! alors, je ne craindrai pas que vous me gardiez rancune de ces témoignages d'affection qui sont trop sincères pour n'être pas accueillis, malgré l'insuffisance de leur expression, et la gravité que mon âge et mes fonctions leur donnent.

Jeunes élèves, cette année, comme les années précédentes, une messe en musique a été organisée par les soins de MM. Barreswil et Huran, et de leurs zélés auxiliaires, elle a été célébrée à St-Eustache, par S. E. monseigneur le Cardinal, archevêque de Bordeaux, assisté du vénérable Curé de cette paroisse et de son digne clergé, et chantée par les enfants de nos écoles. Une quête abondante, que nous devons au généreux dévoûment des Dames toujours prêtes à s'associer à ce qui est bon et utile, et à celui de la garde nationale, qui ne nous a jamais fait défaut, a augmenté nos ressources, et ces dons ajoutent une consécration nouvelle et plus sainte aux prix que vous allez recevoir. Vous voyez, mes chers enfants, quel touchant concours de soins, de prévoyance et d'affection vous entoure: unissons-nous pour offrir l'expression de notre vive et profonde reconnaissance à ces dignes protecteurs de la jeunesse.

Et vous, élèves de l'école de dessin, de cette école que nous avons vu grandir, que nous voyons prospérer sous l'habile direction de votre maître, vous savez combien nous aimons à exciter votre émulation, combien nous apprécions vos progrès, et, nous ne saurions l'oublier, le zèle et le talent de vos professeurs!

Le dessin n'est pas seulement un art d'agrément, c'est un art utile, c'est un art de raisonnement, c'est celui surtout où les progrès ne s'arrêtent jamais; il est le chemin qui conduit à la peinture, à la sculpture; il est un élément essentiel, indispensable de l'industrie, et depuis la ligne droite que trace le géomètre, jusqu'à ces plans magiques sur lesquels on nous bâtit des cités, des monuments, des viaducs, des chemins de fer, le dessin, dans toutes ses parties, est le premier germe qu'échauffent et fécondent l'Industrie, le Commerce, la spéculation.

C'est un des mérites de ce siècle, que cette vulgarisation de l'art qui ne doit pas plus nuire aux grandes inspirations du génie, que l'usage plus répandu de la grammaire ne fait tort aux grands poètes, et à tous ceux qui se servent du langage pour peindre et exalter les grands sentiments.

Que ceux donc qui appliqueront les notions acquises à des œuvres matérielles, ne se croient pas déchus et accomplissent leur tâche avec conscience, avec réflexion; rien, dans ce genre, n'est frivole, n'est méconnu; quant à ceux qui ne veulent trouver dans le dessin, qu'une distraction après des travaux arides, ils ont raison de préférer ce plaisir qui alimente en même temps leur cœur, ils ont raison de demander à cet art si calme, si élevé, des émotions qui sont aussi de salutaires inspirations.

Maîtres et élèves de l'Ecole de dessin, vous recevrez bientôt une noble récompense de votre zèle et de vos travaux; l'Empereur a daigné, cette année encore, joindre aux témoignages de sa bonté, des médailles d'honneur que nous aurons à vous décerner au nom de Sa Majesté, après l'épreuve du concours qui vous occupe en ce moment, et le jour spécialement consacré à la distribution des prix, dans votre école, vous conserverez un précieux et reconnaissant souvenir de cette faveur descendue du trône.

Jeunes élèves des Ecoles Communales, unissez-vous particulièrement pour payer un juste tribut de gratitude à une famille de notre arrondissement, chez laquelle la générosité est une vertu traditionnelle, à son digne chef, M. François Delessert, qui, cette année, comme toujours, a bien voulu mettre à notre disposition, pour vous être distribués des livrets de la Caisse d'Épargne, et des exemplaires d'un ouvrage dû aux recherches laborieuses et aux vertueuses inspirations de son vénéré frère, M. Benjamin Delessert, de cet homme de bien, à jamais regrettable, si cruellement enlevé, il y a quelques années, à notre affection et à nos respects.

Que les heureux possesseurs de ce livre se pénètrent des maximes qu'il contient, et fidèle à son titre, il sera pour eux le guide du bonheur.

En accordant à toutes les Écoles Communales, des livrets de Caisse d'Épargne, M. Delessert et vos généreux amis vous donnent en même temps un présent et une leçon, c'est celle de l'économie, et l'économie est comme Dieu, elle fait des miracles, elle est la plus sûre des richesses ; que cela ne vous étonne pas. Si on vous donnait entre les mains un livre, et qu'on vous ordonnât de l'apprendre tout entier par cœur, vous seriez effrayés, et vous diriez que la chose est impossible ; rien de plus facile cependant. En apprenant chaque jour une page et en joignant chaque jour aussi les leçons apprises, ne sauriez vous pas tout le livre à la fin de l'année ? Eh bien, voilà la véritable image de l'économie ; la prospérité la plus solide se fait jour par jour, mois par mois, année par année, comme le livre le plus considérable s'apprend page par page. Tâchez que votre mémoire garde les leçons apprises aussi fidèlement que la Caisse d'Epargne conservera votre argent.

Encore un mot, jeunes élèves des Ecoles Communales : ce mot trouvera de l'écho dans vos cœurs, car je l'adresse en vos noms et au mien, à MM. les médecins chargés de vous inspecter, de vous surveiller, sous le rapport sanitaire.

Le zèle dont ils font preuve dans l'accomplissement de cette utile et importante mission qu'ils ont acceptée par amitié pour vous, leur donne des droits à notre reconnaissance.

Je suis heureux de trouver ici l'occasion de leur en offrir le témoignage si bien mérité.

Jeunes élèves de toutes les écoles, vous m'avez écouté avec recueillement, je vous en remercie ; c'est à nous maintenant à vous applaudir.

EXTRAIT

DU DISCOURS DE M. BARRESWIL,

DÉLÉGUÉ CANTONNAL.

MESDAMES ET MESSIEURS, ET VOUS CHERS ENFANTS!

. . . .

Heureux aujourd'hui si, obéissant au désir de notre Maire, dont la bienveillance m'enhardit, je puis, pendant quelques instants d'une indulgente attention, vous faire saisir les résultats que nous avons obtenus, les améliorations qui nous occupent, les espérances qui nous animent.

Situation des Écoles.

Les rapports de MM. les délégués du Conseil académique, qui ont reçu de la loi et du Gouvernement la mission sérieuse et aussi importante que délicate, de surveiller dans les établissements scolaires tout ce qui a trait à la morale, à l'hygiène, à l'éducation, constatent que l'instruction est répandue largement et avec succès; ils constatent que, dans tous, les meilleurs préceptes de morale et de religion sont donnés aux enfants et aux jeunes gens, comme les plus grandes précautions sont prises dans l'intérêt de leur santé.

. . . .

Nous prenons plaisir à faire remarquer ici un immense progrès de nos écoles communales : il est vrai que, grâce à la généreuse initiative, au concours empressé de nos concitoyens de l'arrondissement, lorsqu'un enfant a besoin de vêtements, ou de chaussures, la Caisse des Écoles y pourvoit sans retard; mais, en dehors de ces ressources si précieuses, les enfants sont tenus dans un état de propreté remarquable.

C'est un point essentiel sur lequel nous appellerons l'attention des parents.

La propreté, c'est le commencement de l'ordre ; l'ordre est la base du travail ; sans ordre, point de travail fructueux.

Si les parents habituent dès l'âge le plus tendre leurs enfants à la propreté, lorsque vient le moment de les envoyer dans les écoles, la tâche est facile : les enfants, eux-mêmes, ne peuvent se résoudre à sortir sans être propres, sans être proprement vêtus, et alors que d'avantages ! que de temps gagné ! L'enfant se fait une joie d'aller à l'école ! l'instituteur le voit arriver avec plaisir ; il n'est plus dans la nécessité de l'accueillir par des reproches ; la mise en train pour le travail est beaucoup plus rapide : je dirai plus, les idées sont plus nettes, le travail est meilleur.

. . . .

Vous hâtez de toutes vos supplications la première communion de vos enfants. A peine ont-ils atteint leur onzième année, que dis-je? souvent leur dixième année, que vous sollicitez nos bons pasteurs pour qu'ils les instruisent. Ils font leur première communion ; mais, à peine l'ont-ils faite, et ici je m'adresse surtout aux parents qui envoient leurs enfants aux écoles communales, que vous les retirez pour les mettre en apprentissage.

Qu'arrive-t-il alors ? Ces enfants ont dû, pendant un certain temps, s'occuper exclusivement de leurs devoirs religieux ; ils auraient besoin de reprendre leurs travaux ordinaires ; mais non, ils sont brusquement jetés dans l'industrie ou dans telle autre carrière. Ils n'ont pas le temps de se reconnaître, de recevoir les dernières leçons, les derniers conseils du maître; leur instruction souvent n'est pas même suffisante, peu importe, vous les mettez en apprentissage.

Croyez-le bien : cette détermination, quelle que soit votre position, n'est pas sage : en vain m'alléguerez-vous pour motif qu'ils sont robustes, bien portants, que, plus tôt vous les mettrez en apprentissage, plus tôt ils vous rendront des services, et gagneront de l'argent ; que vous ne pouvez pas les garder plus longtemps à votre charge, qu'ils sont intelligents, qu'ils en savent assez pour être ouvriers. Prenez-y garde, vous êtes dans l'erreur : la plupart ont encore besoin du régime de l'école ; ils ont à peine commencé à comprendre leurs devoirs ; ils n'ont pas encore le sentiment de leur véritable inclination, les connaissances premières qu'ils ont acquises ne sont pas assez gravées dans leurs esprits.

Sachez poursuivre un sacrifice nécessaire ; au lieu de retirer vos enfants des écoles, aussitôt après leur première communion, allez vous entendre avec les instituteurs. Allez préparer avec eux l'avenir de vos enfants.

. . . .

L'ignorance, enfants, pénétrez-vous en bien, c'est une léthargie morale qui, si vous ne la combattez pas résolument par l'étude, vous tient fatalement au rang des brutes. C'est en vain que plus tard vous voudriez, lorsque les années se seront accumulées, reprendre le rang que Dieu a donné à l'homme sur la terre.

Avant que les sages arrêtés de M. le Préfet de police reçussent leur exécution, combien d'enfants erraient à l'aventure dans les rues de Paris et, dominés par une coupable paresse, par des habitudes vicieuses, passaient leur temps dans le jeu et la fainéantise, et préludaient ainsi à une vie de désordre. Eh bien! interrogez les registres d'écrou, constatant tôt ou tard leur entrée dans une maison de correction et vous reconnaîtrez que la grande majorité, sinon la totalité, ne savait pas ou savait à peine lire et écrire, ou avait oublié ce qu'elle avait mal appris.

. . . .

L'éducation de vos enfants, mes chers concitoyens, est notre préoccupation constante; c'était aussi la préoccupation de notre jeune ami Dorville (1), enlevé à la fleur de l'âge à l'affection de sa famille, à l'estime de tous ceux qui le connaissaient.

A Dieu ne plaise que nous veuillons attrister une aussi noble et aussi intéressante réunion par de pénibles souvenirs; mais nous ne pouvons nous défendre d'un sentiment de profond et juste regret en ne le voyant plus auprès de nous, quoiqu'il soit dignement remplacé.

Chargé, à la mairie du troisième arrondissement, des travaux relatifs aux écoles, Dorville joignait à un savoir qui était presque de l'érudition, une charmante modestie, un tact parfait, une entente complète et une observation rigoureuse de ses devoirs : il conservait surtout une reconnaissance profonde pour ceux qui l'avaient placé, comme pour ceux qui l'avaient maintenu dans l'emploi qu'il occupait d'une manière si distinguée.

Puisse ce souvenir du cœur être de quelque consolation pour sa famille et adoucir l'amertume de sa douleur.

. . . .

Et vous, enfants, sachez comprendre tout ce que l'on fait pour vous, toute la sollicitude qui vous entoure. Aimez Dieu, et cet amour vous donnera force et courage; aimez vos parents si affectueux, et cet amour vous inspirera celui du travail; aimez vos maîtres si pleins de zèle pour préparer en vous de bons et utiles sujets; aimez votre patrie, et cet amour vous inspirera de nobles et généreux sentiments.

Loin de supporter avec répugnance l'autorité, ce principe conservateur de la civilisation, obéissez-lui avec la conviction que vous rem-

(1) M. Dorville, sous-chef des Bureaux de la Mairie du troisième arrondissement.

plissez un devoir, et qu'en le remplissant vous méritez bien de la société tout entière. Comprenez bien ce que c'est que l'autorité.

L'autorité, c'est Dieu, votre créateur, votre souverain maître; devant lui vous devez tous vous humilier, vous devez courber votre front dans la poussière.

L'autorité c'est votre père, votre mère qui, dès l'âge le plus tendre, vous ont prodigué leurs caresses et leurs soins, plus tard vous ont appris à distinguer le bien du mal, et s'appliquent tous les jours à vous rendre vertueux.

L'autorité, ce sont vos maîtres qui cherchent à ouvrir vos esprits et vos cœurs aux meilleures impressions et s'efforcent de suppléer avec succès la famille qui vous a confiés à leurs soins vigilants.

L'autorité, ce sont les dignes pasteurs, qui, dans leur dévoûment pour vous, développent dans vos cœurs le germe de la religion.

L'autorité, c'est la loi qui règle nos rapports sociaux; ce sont tous ceux qui, dans la hiérarchie sociale, depuis votre supérieur immédiat jusqu'au chef suprême de l'Etat, ont pour mandat, chacun dans ses attributions, de veiller à l'exécution de la loi.

Pour nous, qui, tous les ans, voyons, non sans une émotion profonde, une partie de nos enfants abandonner nos écoles, pour se livrer à une carrière quelconque, qu'il nous soit permis de les accompagner de nos vœux les plus ardents pour leur bonheur.

Allez, chers enfants, que nous voudrions guider jusqu'à ce que nos conseils ne soient plus nécessaires.

Quel que soit le sort qui vous attende, élèves d'une même école, d'un même pensionnat, conservez toujours le souvenir de vos liaisons d'enfance: Que ceux d'entre vous que la fortune aura favorisés, tendent la main à ceux qui seraient malheureux, et le bon Dieu les bénira.

Gardez-vous bien, parce que vous aurez reçu de l'instruction, que vous devez souvent aux sacrifices énormes que s'imposent vos familles, de rougir de vos parents. Loin de vous une telle ingratitude. Imitez plutôt, tous, tant que vous êtes, cette jeune fille de vos compagnes, aussi simple et modeste qu'intelligente et laborieuse. Après l'étude elle vient aider sa bonne mère et travaille tous les soirs avec elle. Elle ne veut pas abandonner le modeste état de sa mère, mais l'expérience de sa mère lui profitera; elle deviendra de plus en plus habile, et, plus tard, ouvrière distinguée, elle honorera l'état de sa mère par son instruction et par ses vertus.

Allez, chers enfants, portez la joie dans vos familles, et si parfois il vous arrive de penser à nous, que ce soit pour vous dire :

Ils étaient nos véritables amis.

EXTRAIT

DU DISCOURS DE M. DELLOVE,

AU NOM DES INSTITUTEURS.

M. LE MAIRE, MM. DE L'ADMINISTRATION MUNICIPALE,

Permettez que les Institutrices et les Instituteurs du troisième arrondissement, obéissant à l'impulsion de leur cœur, bien plus qu'ils ne remplissent un devoir, viennent proclamer devant cette nombreuse et brillante assemblée, les sentiments de vive gratitude que leur inspirent votre zèle ardent pour le bien, votre amour éclairé pour cette chère jeunesse, objet de tant de soins, et à qui vous donnez encore aujourd'hui une preuve éclatante d'intérêt, par cette distribution solennelle des prix.

. . . .

Pleins de confiance dans le bienfait de l'éducation, sachant qu'elle élève, grandit, améliore l'espèce humaine, et qu'il n'est pas une vérité qui, en détruisant une misère, ne tue un vice, vous poussez à la diffusion des lumières, vous ouvrez toutes grandes les portes de vos écoles devenues trop petites, vous en créez de nouvelles au besoin, et et vous donnez place au banquet intellectuel à tous ces enfants qui s'en trouvaient exclus jusqu'ici, souvent même, hélas, par l'incurie coupable de leurs parents. Et vous arrivez à ce résultat, digne prix de vos efforts, que 1,500 enfants de plus fréquentent, cette année, ces asiles moralisateurs où se distribue à pleines mains, et par toutes les mains, cette éducation première, cette instruction nécessaire à tous et suffisante pour beaucoup.

. . . .

C'est pourquoi, Messieurs, cette institution qu'une pensée noble et libérale nous a fait envier, nous est chère à tous, et nous la voyons avec joie grandir chaque année. Chaque année cette fête générale des enfants se célèbre avec plus d'éclat, et le résultat que vous en espérez est obtenu. Un but magnifique est proposé à l'ambition de nos jeunes élèves. L'émulation, l'émulation qui, elle aussi, transporte les montagnes, se répand de plus en plus dans nos classes. L'honneur de recevoir une récompense de vos mains est disputé à l'égal des plus grands triomphes, et des efforts merveilleux sont faits, auxquels nous n'étions pas accoutumés, et si la certitude d'avoir réussi à faire le bien peut suffire pour votre récompense, goûtez, Monsieur le Maire, goûtez, Messieurs, cette douce satisfaction d'avoir réussi. La voix publique se plaît à le proclamer, et ces enfants sont prêts à le proclamer aussi par leurs paroles, comme ils le font et le feront par leurs actes : et nous, leurs maîtres et leurs guides, nous leur servirions au besoin de garants et de témoins.

Aussi, Messieurs, toute cette foule rassemblée dans cette enceinte, élève pour vous un concert unanime de félicitations et d'actions de grâces ; ces jeunes enfants que vous allez rendre si heureux vous remercient, et remercient le ciel, inspirateur des grandes et bonnes choses, d'avoir mis dans vos cœurs cette tendresse vraiment paternelle qui vous porte à vous occuper de leurs études, de leur avenir ; ils remercient en même temps toutes les personnes généreuses dont les dons vous aident à réaliser tout le bien que vous faites ; leurs pères, leurs mères, témoins de leur bonheur vous disent : soyez bénis, vous tous Magistrats qui entourez nos enfants de tant de sollicitude, et nous, Messieurs, nous tous chargés à quelque titre que ce soit, de l'éducation de cette jeunesse, qui dans peu d'années sera la société à son tour, nous qui sommes fiers et heureux de votre estime qui vient nous consoler et nous encourager dans nos pénibles, mais sublimes fonctions, nous vous offrons l'hommage d'un dévoûment sans bornes, et l'assurance formelle de nous rencontrer toujours dignes du beau nom que nous portons, d'institutrices et d'instituteurs de la jeunesse !

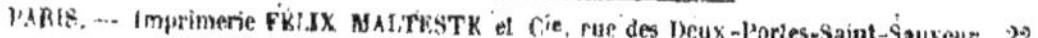

PARIS. — Imprimerie FÉLIX MALTESTE et Cie, rue des Deux-Portes-Saint-Sauveur, 22.

www.ingramcontent.com/pod-product-compliance
Ingram Content Group UK Ltd.
Pitfield, Milton Keynes, MK11 3LW, UK
UKHW021203230726
13926UKWH00001B/280

9 782014 467154